Fern Green

KURKUMA

Entzündungshemmend & gesund

Fern Green

KURKUMA

Entzündungshemmend & gesund

Fotos von Deirdre Rooney

DK

INHALT

EINLEITUNG

Curcuma longa ist eine Pflanzenart aus der Familie der Ingwergewächse. Wie der verwandte Ingwer besitzt die Kurkuma verdickte unterirdische Sprossen (botanisch Rhizome), die in der Küche und in der Heilkunde Verwendung finden. Wegen der kräftig orangegelben Farbe dieser Wurzeln nennt man die Kurkuma auch Gelbwurz. Als Gewürz kennt man sie vor allem aus Currys, auch als Färbepflanze hat sie eine lange Tradition. In der traditionellen asiatischen Medizin und in der Ayurveda-Lehre wird die Kurkuma vor allem wegen ihrer Heilwirkung geschätzt, denn sie enthält wirkungsvolle Antioxidanzien und entzündungshemmende Stoffe.

Seit einigen Jahren findet die Kurkuma auch in der westlichen Welt wegen ihrer enormen entzündungshemmenden Wirkung als Superfood viel Beachtung. Diese Wirkung beruht auf den Curcuminoiden, natürlichen Farbstoffen, die in den Rhizomen enthalten sind. Vor allem das Curcumin ist inzwischen auch als Nahrungsergänzungspräparat erhältlich und wird für naturheilkundliche Präparate verwendet.

In diesem Buch finden Sie eine Auswahl von Rezepten mit Kurkuma. Alle lassen sich leicht in Ihren alltäglichen Speiseplan einbauen. Die Wirkung von Kurkuma nämlich entfaltet sich im Körper am besten, wenn Sie täglich kleine Mengen davon mit der Nahrung zu sich nehmen. Von hochdosierten Ergänzungspräparaten dagegen ist abzuraten. Smoothies, heiße Pflanzenmilchdrinks und Tees sind eine Bereicherung für eine ausgewogene Ernährung. Wer lieber herzhaft isst, findet im letzten Kapitel Vorschläge für köstliche, nährstoffreiche Suppen, die lange sättigen.

KURZE KURKUMA-STORY

Kurkuma gilt als eines der ältesten Gewürze der Welt. Wahrscheinlich wurde sie schon vor 4000 Jahren in Indien verwendet. Sie wird seit jeher roh wie auch gegart verzehrt. Am häufigsten werden die Rhizome jedoch zu Pulver gemahlen und als Gewürz verwendet.

Heilmittel

Als Heilmittel wurde Kurkuma erstmals im Ayurveda (übersetzt: »Lehre des Lebens«) eingesetzt. Bereits in der Antike galt sie als das Mittel der Wahl gegen viele Leiden. Heute wenden sich immer mehr Menschen alternativen und natürlichen Heilmethoden zu, weil viele konventionelle Medikamente wegen ihrer Nebenwirkungen in Verruf geraten sind. Aus diesem Grund hat auch das Interesse an Kurkuma stark zugenommen.

Die Ayurveda-Lehre betrachtet Kurkuma als Heilpflanze, die den Körper kräftigt und wärmt. Sie wird zur Behandlung von Erkältungen, Fieber und anderen häufigen Erkrankungen ebenso eingesetzt wie bei komplexeren Beschwerdebildern wie Depressionen oder Nervosität. Von der Heilwirkung her galt Kurkuma stets als anderen Kräutern und Gewürzen überlegen. Im Lauf der Zeit verbreitete sie sich über die großen Handelswege in viele Länder der Welt.

Wundheilmittel & Farbstoff

Im 18. Jahrhundert stand Kurkuma in China, Afrika und Jamaika zur Verfügung. Sie wurde dort bei vielen Beschwerden eingesetzt, beispielsweise bei Vergiftungserscheinungen durch verdorbene Nahrungsmittel oder Parasiten. Wegen ihrer außergewöhnlichen antibakteriellen Wirkung verwendete man sie außerdem zur Wundbehandlung.

Daneben war Kurkuma als Färbepflanze sehr beliebt. Sie gab den Gewändern der buddhistischen Mönche ihre leuchtend orangegelbe Farbe.

Duftpflanze

In Europa dagegen war Kurkuma früher kaum bekannt. Die Gründe dafür liegen im Dunkeln, doch man vermutet, dass asiatische Heilkundige ihr Wissen sorgfältig hüteten, sodass man die Heilwirkung in Europa kaum kannte. Als die Kurkuma schließlich nach Europa gelangte, verwendete man sie deshalb hauptsächlich als Duft-, Würz- und Färbepflanze.

KURKUMA-ÖL HERSTELLEN

Kurkuma-Öl kann zur Behandlung von Akne, allergischen Hautbeschwerden und zur Vorbeugung gegen Schuppen eingesetzt werden. Der ölige Auszug ist ganz einfach herzustellen und hält sich etwa 6 Monate.

ZUTATEN
480 ml neutrales Kokosöl • 1 mittelgroße Kurkumawurzel, geschält

ZUBEHÖR
Mörser und Stößel • Schraubgläser
kleine Flasche mit Tropfeinsatz

Das Kokosöl in einem Topf erhitzen, bis sich Bläschen bilden. Inzwischen die Kurkuma im Mörser zerstoßen. Tropfenweise Wasser unterrühren, bis eine Paste entsteht. Die Paste ins heiße Öl geben und 1 Minute unter Rühren erhitzen. Vom Herd nehmen und auf Raumtemperatur abkühlen lassen. Das Öl dann bis 2,5 cm unter den Rand in die Schraubgläser füllen. Verschließen und an einem kühlen, trockenen Ort 1–2 Wochen ruhen lassen. Danach durch ein Sieb abgießen und so Faserreste entfernen. In der Flasche mit Tropfeinsatz aufbewahren.

Kurkuma in der Küche

Frische Kurkumawurzel verfärbt fast alles, was mit ihr in Berührung kommt. Und leider ist die Farbe sehr hartnäckig! Das hilft gegen Flecken:

Geschirrtücher, Tischdecken – Sofort mit kaltem Seifenwasser auswaschen und in der Sonne trocknen lassen. Dabei verblasst der Fleck zu einem hellen Rosa. Nach der nächsten Wäsche ist er dann meist verschwunden.

Arbeitsplatte, Herd, Fußboden – Flecken mit milder Scheuermilch oder Natron behandeln. Dafür 2 Esslöffel Natron mit etwas Wasser zu einer Paste mischen, mit einem Schwamm auf dem Fleck verreiben und mit klarem Wasser nachspülen. Bei Bedarf wiederholen.

Hände – Frische Kurkuma am besten mit Handschuhen verarbeiten.

Holz – Die Wurzel nicht auf Holzbrettern, sondern auf Kunststoffbrettern schneiden. Flecken mit Zitronensaft entfernen.

DIE HEILWIRKUNG

Das Allroundtalent Kurkuma besitzt viele Eigenschaften, die der Gesundheit nützen. Das kann die orangegelbe Wurzel:

Akne bekämpfen

Kurkuma empfiehlt sich zur Behandlung von Akne, deren Ursachen meist starke Talgproduktion und Bakterien sind. Einfach Pickel abends vor dem Schlafengehen mit einigen Tropfen Kurkuma-Öl (s. S. 8) betupfen. So lassen sich Rötungen und Narben vorbeugen.

Entzündungen hemmen

Die Wirkung von Kurkuma wird mit nicht-steroidalen entzündungshemmenden Medikamenten verglichen. Sie hat sich vor allem zur Linderung von Schmerzen und Schwellungen bei Osteoporose und rheumatoider Arthritis bewährt.

Diabetes regulieren

Kurkuma trägt zur Regulierung des Insulinhaushalts und des Blutzuckerspiegels bei. Zudem verstärkt sie die Wirkung von Medikamenten gegen Diabetes.

Cholesterinspiegel senken

Bereits kleine Mengen von Kurkuma als würzende Zutat wirken sich positiv auf den Cholesterinspiegel aus.

Immunsystem stärken

Mit ihren antibakteriellen, antiviralen und antifungalen Inhaltsstoffen unterstützt Kurkuma das Immunsystem.

Alzheimer vorbeugen

Kurkuma trägt zum Abbau von Plaque im Gehirn bei und verbessert die Sauerstoffversorgung. Dadurch stärkt sie die Gesundheit des Gehirns und wirkt vorbeugend gegen Alzheimer-Demenz.

Verdauung und Gewichtsabnahme fördern

Die Kurkuma-Inhaltsstoffe lindern Völlegefühl und Blähungen. Sie regen die Gallentätigkeit an und verbessern die Verdauung von Nahrungsfetten.

OPTIMALE AUFNAHME

Die Rezepte sind so konzipiert, dass die Inhaltsstoffe optimal aufgenommen werden können. In Ihrer eigenen Küche klappt es am besten mit folgenden Tipps.

Schwarzer Pfeffer: Der Inhaltsstoff Piperin gibt dem Pfeffer seinen scharfen Geschmack und fördert zugleich die Aufnahme von Kurkuma. Würzen Sie Ihre Kurkuma-Gerichte darum auch mit Pfeffer.

Fett: Curcumin – der wichtigste aktive Inhaltsstoff von Kurkuma – ist fettlöslich. Der Körper kann ihn besser aufnehmen, wenn er mit Kokosmilch, Öl oder anderem Fett kombiniert wird. Probieren Sie auch köstliche Heißgetränke mit Kokosmilch (z. B. S. 76).

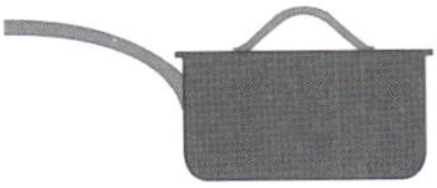

Erhitzen: Durch Hitzeeinwirkung lässt sich die Löslichkeit des Curcumin vermutlich auf das Zwölffache verbessern. Das gilt ebenso für die Bioverfügbarkeit der Inhaltsstoffe. Länger als 10–15 Minuten dürfen Sie ein Gericht jedoch nicht erhitzen, sonst wird das Curcumin schnell zerstört.

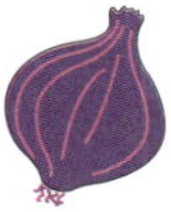

Quercetin: Das Flavonoid Quercetin kommt in Zwiebeln, Kapern, Paprika und anderem Gemüse vor. Es hemmt die Ausschüttungen eines Enzyms, das Curcumin deaktivieren kann. Würzen Sie quercetinreiche Gerichte noch mit Kurkuma, kann der Körper die Wirkstoffe der Wurzel besser verwerten.

SMOOTHIES

Genießen Sie farbenfrohe Smoothies mit vielen wertvollen Vitaminen und Mineralstoffen. Alle Drinks sind so schnell und einfach gemixt, dass Sie sich mühelos jeden Tag eine Portion Gesundheit gönnen können.

Ingwer & Mango • Kokos-Triple
Kurkuma & Möhre • Orange & Mango
Würzige Mandel • Wassermelone & Orange
Gelbe Fruchtbombe • Grüne Superbowl
Cashew & Kaffee • Chia & Kurkuma
Möhre & Zimt • Kurkuma-Kraft
Apfel, Sellerie & Süßkartoffel • Birne & Banane
Hanf & Mango • Kurkuma Tropical
Proteinbecher • Kokos & Kurkuma
Banane & Leinsamen • Möhre & Cashew
Detox-Drink • Mango & Maracuja

INGWER & MANGO

Für 1 Person – Zubereitung: 5 Minuten

ZUTATEN

170 g Joghurt • 1 Mango, geschält und gewürfelt
1 TL frisch geriebener Ingwer • 1 Stück Kurkumawurzel (2,5 cm), geschält und gerieben, oder 1 TL gemahlene Kurkuma
1 Prise frisch gemahlener schwarzer Pfeffer
¼ TL Vanillepaste oder Mark von ¼ Vanilleschote

Dieser sonnengelbe und fruchtige Smoothie wirkt basenbildend und reinigt die Haut.

EH *Entzündungshemmend* P *Probiotisch* V *Vitaminreich*

Joghurt, Mango, Ingwer, Kurkuma, Pfeffer, Vanille und 150 ml Wasser in einen Mixer füllen und cremig pürieren.

KOKOS-TRIPLE

Für 1 Person – Zubereitung: 5 Minuten

ZUTATEN

1 Banane, geschält • 300 ml Kokoswasser • 2 EL Kokosmilch
1 TL Kokosöl • 1 EL Honig
1 TL frisch geriebener Ingwer • 1 Stück Kurkumawurzel (1 cm), geschält und gerieben, oder ½ TL gemahlene Kurkuma
1 Prise frisch gemahlener schwarzer Pfeffer

Der Smoothie stärkt die Abwehr und bildet ein Schutzschild gegen schädliche Bakterien und Viren.

M *Mineralstoffreich* SE *Spendet Energie* SF *Spendet Feuchtigkeit*

Banane, Kokoswasser, Kokosmilch, Kokosöl, Honig, Ingwer, Kurkuma und Pfeffer in einen Mixer füllen und cremig pürieren.

KURKUMA & MÖHRE

Für 1 Person – Zubereitung: 5 Minuten

ZUTATEN

2 mittelgroße Möhren, geschält und gewürfelt
2 Orangen, geschält und geviertelt
1 Stück Ingwer (1 cm), geschält und gerieben • 1 Stück Kurkumawurzel (1 cm), geschält und gerieben, oder ¼ TL gemahlene Kurkuma
1 EL Zitronensaft • 1 EL Honig
1 Prise frisch gemahlener schwarzer Pfeffer

Mit vielen Vitaminen und Nährstoffen regt dieser Smoothie die Durchblutung an und versorgt das Herz mit Energie.

BS *Basenbildend* **FD** *Fördert die Durchblutung* **V** *Vitaminreich*

Möhren, Orangen, Ingwer, Kurkuma, Zironensaft, Honig, Pfeffer und 400 ml Wasser in einen Mixer füllen und cremig pürieren.

ORANGE & MANGO

Für 1 Person – Zubereitung: 5 Minuten

ZUTATEN

1 Mango, geschält und gewürfelt • 1 Orange, geschält und geviertelt
300 ml Reisdrink • 1 Stück Kurkumawurzel (1 cm), geschält und gerieben, oder ½ TL gemahlene Kurkuma
1 Prise frisch gemahlener schwarzer Pfeffer • 1 Prise Cayennepfeffer

Neben wertvollen Antioxidanzien enthält der fruchtige Smoothie auch die Vitamine A, C, E und K.

FV *Fördert die Verdauung* M *Mineralstoffreich* RL *Reinigt die Leber*

Früchte, Reisdrink, Kurkuma, Pfeffer und Cayennepfeffer in einen Mixer füllen und cremig pürieren.

WÜRZIGE MANDEL

Für 1 Person – Zubereitung: 5 Minuten

ZUTATEN

250 ml Mandeldrink • 1 EL Mandelmus • 1 TL gemahlener Zimt
1 Stück Kurkumawurzel (2,5 cm), geschält und gerieben,
oder 1 TL gemahlene Kurkuma
1 Prise frisch gemahlener schwarzer Pfeffer

Der macht richtig lange satt! Dafür sorgen die vielen Proteine in diesem cremigen Smoothie.

GH *Gut für die Haut* HL *Heilend* SK *Stärkt die Knochen*

Mandeldrink, Mandelmus, Zimt, Kurkuma und Pfeffer in einen Mixer füllen und cremig pürieren.

WASSERMELONE & ORANGE

Für 1 Person – Zubereitung: 5 Minuten

ZUTATEN

¼ Wassermelone (200 g), geschält und gewürfelt
2 Orangen, geschält und geviertelt • ½ Salatgurke, gewürfelt
1 TL frisch geriebener Ingwer • 1 Stück Kurkumawurzel (2,5 cm), geschält und gerieben, oder 1 TL gemahlene Kurkuma
1 Prise frisch gemahlener schwarzer Pfeffer

Da kommt eine Portion Sommer ins Glas. Ganz nebenbei besitzt der vitaminreiche Smoothie auch reinigende Eigenschaften.

FR *Erfrischend* RV *Revitalisierend* SF *Spendet Feuchtigkeit*

Melone, Orangen, Gurke, Ingwer, Kurkuma, Pfeffer und 250 ml Wasser in einen Mixer füllen und cremig pürieren.

GELBE FRUCHTBOMBE

Für 1 Person – Zubereitung: 5 Minuten

ZUTATEN

160 g Ananasstücke (frisch oder TK) • 1 Mango, geschält und gewürfelt
1 Orange, geschält und geviertelt • 250 ml Kokoswasser
1 Stück Kurkumawurzel (2,5 cm), geschält und gerieben, oder
1 TL gemahlene Kurkuma • 1 TL abgeriebene Bio-Zitronenschale
1 Prise frisch gemahlener schwarzer Pfeffer

Dieser Smoothie punktet mit besonders vielen Antioxidanzien. Sie erhöhen den Sauerstoffgehalt des Blutes.

BR *Blutreinigend* RL *Reinigt die Leber* V *Vitaminreich*

Ananas, Mango, Orange, Kokoswasser, Kurkuma, Zitronenschale und Pfeffer in einen Mixer füllen und cremig pürieren.

GRÜNE SUPERBOWL

Für 1 Person – Zubereitung: 5 Minuten

ZUTATEN

1 kleine Handvoll Weintrauben • 2 Stangen Staudensellerie
½ kleine Salatgurke, gewürfelt • ½ Fenchelknolle, gewürfelt
1 Handvoll Blattspinat • 3 Minzeblätter • 1 Stück Kurkumawurzel (2,5 cm), geschält und gerieben, oder 1 TL gemahlene Kurkuma
1 Prise frisch gemahlener schwarzer Pfeffer

Eisenmangel? Da hilft dieser grasgrüne Smoothie. Er versorgt den Körper rasch mit einer Extraportion Eisen.

BS *Basenbildend* BZ *Reguliert den Blutzuckerspiegel* E *Entgiftend*

Weintrauben, Gemüse, Minze, Kukuma, Pfeffer und 250 ml Wasser in einen Mixer füllen und cremig pürieren. Ist der Smoothie zu dickflüssig, noch etwas mehr Wasser untermixen.

CASHEW & KAFFEE

Für 1 Person – Zubereitung: 5 Minuten

ZUTATEN

250 ml Mandeldrink • 40 g Cashewkerne, eingeweicht
80 g Haferflocken • 30 ml Kaffee oder 1 TL Instant-Kaffeepulver
1 EL Honig oder Ahornsirup • 1 EL Chiasamen
1 Stück Kurkumawurzel (2,5 cm), geschält und gerieben,
oder 1 TL gemahlene Kurkuma • 1½ TL gemahlener Zimt
½ TL gemahlener Ingwer • 1 Prise frisch gemahlener schwarzer Pfeffer

Energieschub und Nährstoffe zugleich – der Smoothie versorgt den Körper mit frischer Energie und mit wertvollen Omega-3-Fettsäuren.

P *Proteinreich* SK *Stärkt die Knochen* SW *Regt den Stoffwechsel an*

Mandeldrink, Cashewkerne, Haferflocken, Kaffee, Honig, Chiasamen, Kurkuma und Gewürze in einen Mixer füllen und cremig pürieren.

CHIA & KURKUMA

Für 1 Person – Zubereitung: 5 Minuten, plus 10 Minuten Quellen

ZUTATEN

100 g Kokosjoghurt • 1 EL Chiasamen
1 EL Honig • 1 Stück Kurkumawurzel (1 cm), geschält und gerieben,
oder ½ TL gemahlene Kurkuma
1 Prise frisch gemahlener schwarzer Pfeffer

Dieser Smoothie enthält viel Kalzium und wertvolle Milchsäurebakterien, die den Darm schützen und pflegen.

G *Stärkt das Gehirn* M *Mineralstoffreich* SI *Stärkt das Immunsystem*

Joghurt und Chiasamen verrühren und 10 Minuten quellen lassen. Dann mit Honig, Kurkuma, Pfeffer und 200 ml Wasser in einen Mixer füllen und cremig pürieren.

MÖHRE & ZIMT

Für 1 Person – Zubereitung: 5 Minuten

ZUTATEN

3 mittelgroße Möhren, geschält und halbiert • 1 Orange, geschält und halbiert
1 Stück Kurkumawurzel (1 cm), geschält und gerieben,
oder ½ TL gemahlene Kurkuma • ½ TL gemahlener Zimt
1 Prise frisch gemahlener schwarzer Pfeffer

Der sonnengelbe Smoothie stärkt das Immunsystem im Nu, denn er ist besonders reich an Betakarotin.

B *Beruhigend* **V** *Vitaminreich* **SE** *Spendet Energie*

Möhren, Orange, Kurkuma, Zimt, Pfeffer und 300 ml Wasser in einen Mixer füllen und cremig pürieren.

KURKUMA-KRAFT

Für 1 Person – Zubereitung: 5 Minuten

ZUTATEN

250 ml Kokosmilch • ½ kleine Ananas, geschält und gewürfelt
1 Banane, geschält • 1 Stück Kurkumawurzel (4 cm), geschält und gerieben, oder 1½ TL gemahlene Kurkuma
1 Prise frisch gemahlener schwarzer Pfeffer

In diesem Drink steckt besonders viel Vitamin A. Es sorgt für gesunde Augen, Haut und Knochen.

CH *Cholesterinsenkend* SK *Stärkt die Knochen* V *Vitaminreich*

Kokosmilch, Ananas, Banane, Kurkuma und Pfeffer in einen Mixer füllen und cremig pürieren.

APFEL, SELLERIE & SÜSSKARTOFFEL

Für 1 Person – Zubereitung: 5 Minuten

ZUTATEN

1 Süßkartoffel, entsaftet • 3 kleine Äpfel, geschält und entkernt
3 Stangen Staudensellerie, gewürfelt • 1 Stück Kurkumawurzel (1 cm), geschält und gerieben, oder ½ TL gemahlene Kurkuma
1 Prise frisch gemahlener schwarzer Pfeffer

Braucht der Stoffwechsel frischen Schwung? Dann ist dieser würzige Smoothie genau richtig.

FR *Erfrischend* SI *Stärkt das Immunsystem* V *Vitaminreich*

Süßkartoffelsaft, Äpfel, Sellerie, Kurkuma, Pfeffer und 250 ml Wasser in einen Mixer füllen und cremig pürieren.

BIRNE & BANANE

Für 1 Person – Zubereitung: 5 Minuten

ZUTATEN

250 ml Haferdrink • 2 Birnen, geschält und entkernt • 2 Bananen, geschält
1 Stück Kurkumawurzel (1 cm), geschält und gerieben,
oder ½ TL gemahlene Kurkuma
1 Prise frisch gemahlener schwarzer Pfeffer

Hilft gegen schlechte Laune. Der Smoothie ist reich an Tryptophan, das der Körper in den Stimmungsaufheller Serotonin umwandelt.

LS *Lindert Stressbeschwerden* P *Proteinreich* V *Vitaminreich*

Haferdrink, Birnen, Bananen, Kurkuma und Pfeffer in einen Mixer füllen und cremig pürieren.

HANF & MANGO

Für 1 Person – Zubereitung: 5 Minuten

ZUTATEN

250 ml Mandeldrink • 1 Mango, geschält und gewürfelt
1 Stück Kurkumawurzel (1 cm), geschält und gerieben,
oder ½ TL gemahlene Kurkuma • 1 EL Hanfmehl
1 Prise frisch gemahlener schwarzer Pfeffer

Protein pur: Hanfsamen enthalten 25 % Protein, daneben Vitamin E, Phosphor, Kalium, Magnesium, Schwefel, Kalzium, Eisen und Zink.

G *Stärkt das Gehirn* M *Mineralstoffreich* SE *Spendet Energie*

Mandeldrink, Mango, Kurkuma, Hanfmehl und Pfeffer in einen Mixer füllen und cremig pürieren.

KURKUMA TROPICAL

Für 1 Person – Zubereitung: 5 Minuten

ZUTATEN

140 g Ananasstücke (frisch oder TK) • ½ Papaya, geschält und entkernt
½ Mango, geschält und gewürfelt • 1 Banane, geschält
1 EL frisch gewürfeltes Kokosnussfruchtfleisch • 250 ml Kokoswasser
1 Stück Kurkumawurzel (1 cm), geschält und gerieben, oder
½ TL gemahlene Kurkuma • 1 Prise frisch gemahlener schwarzer Pfeffer

Neben Kalzium, Kalium und Magnesium stecken in diesem Smoothie auch wichtige Elektrolyte. Perfekt nach dem Sport.

P *Proteinreich* SK *Stärkt die Knochen* V *Vitaminreich*

Früchte, Kokosnuss, Kokoswasser, Kurkuma und Pfeffer in einen Mixer füllen und cremig pürieren.

PROTEINBECHER

Für 1 Person – Zubereitung: 5 Minuten

ZUTATEN

300 ml Mandeldrink • 1 Banane, geschält
½ Avocado, entsteint und geschält • 1 TL Kürbiskerne
1 TL Mandelmus • 1 Stück Kurkumawurzel (2,5 cm), geschält und gerieben, oder 1 TL gemahlene Kurkuma • 1 TL gemahlener Zimt
1 Prise frisch gemahlener schwarzer Pfeffer

Ein köstlicher Drink mit viel Protein, wertvollen Omega-3-Fettsäuren und den Vitaminen E, K und C.

GH *Gut für die Haut* M *Mineralstoffreich* SK *Stärkt die Knochen*

Mandeldrink, Banane, Avocado, Kürbiskerne, Mandelmus, Kurkuma, Zimt und Pfeffer in einen Mixer füllen und cremig pürieren.

KOKOS & KURKUMA

Für 1 Person – Zubereitung: 5 Minuten

ZUTATEN

250 ml Kokosmilch • 1 EL Mandelmus • 1 EL Honig
1 Stück Kurkumawurzel (1 cm), geschält und gerieben,
oder ½ TL gemahlene Kurkuma

Dieser Smoothie ist reich an Ballaststoffen. Sie sorgen für eine gesunde und problemlose Verdauung.

M *Mineralstoffreich* P *Proteinreich* SI *Stärkt das Immunsystem*

Kokosmilch, Mandelmus, Honig und Kurkuma in einen Mixer füllen und cremig pürieren.

BANANE & LEINSAMEN

Für 1 Person – Zubereitung: 5 Minuten

ZUTATEN

250 ml Haferdrink • 2 Bananen, geschält und gewürfelt
1 EL geschrotete Leinsamen • 1 EL Honig
1 Stück Kurkumawurzel (1 cm), geschält und gerieben,
oder ½ TL gemahlene Kurkuma
1 Prise frisch gemahlener schwarzer Pfeffer

Mit seinem hohen Gehalt an pflanzlichen Omega-3-Fettsäuren unterstützt dieser Smoothie die Herzgesundheit.

BZ *Reguliert den Blutzuckerspiegel* **M** *Mineralstoffreich* **V** *Vitaminreich*

Haferdrink, Bananen, Leinsamen, Honig, Kurkuma und Pfeffer in einen Mixer füllen und cremig pürieren.

MÖHRE & CASHEW

Für 1 Person – Zubereitung: 5 Minuten

ZUTATEN

3 Möhren, geschält und gewürfelt • 250 ml Cashewdrink • 1 EL Cashewmus
1 Stück Kurkumawurzel (1 cm), geschält und gerieben,
oder ½ TL gemahlene Kurkuma
1 Prise frisch gemahlener schwarzer Pfeffer

Der Smoothie punktet mit Vitamin E und K und den
Mineralstoffen Kupfer, Phosphor und Zink.

B *Beruhigend* FD *Fördert die Durchblutung* SE *Spendet Energie*

Möhren, Cashewdrink, Cashewmus, Kurkuma und Pfeffer
in einen Mixer füllen und cremig pürieren.

DETOX-DRINK

Für 1 Person – Zubereitung: 5 Minuten

ZUTATEN

2 Stangen Staudensellerie • 2 Handvoll Blattspinat
½ kleine Salatgurke, geschält • 1 Kiwi, geschält und halbiert
Saft von ½ Zitrone • 1 Stück Ingwer (1 cm), geschält und gerieben
1 Stück Kurkumawurzel (1 cm), geschält und gerieben, oder
½ TL gemahlene Kurkuma • 1 Prise frisch gemahlener schwarzer Pfeffer

Dieser reinigende Smoothie enthält Isothiocyanate. Diese Stoffe wirken vorbeugend gegen Krebs.

BS *Basenbildend* E *Reinigend* V *Vitaminreich*

Gemüse, Kiwi, Zitronensaft, Ingwer, Kurkuma, Pfeffer und 250 ml Wasser in einen Mixer füllen und cremig pürieren.

MANGO & MARACUJA

Für 1 Person – Zubereitung: 5 Minuten

ZUTATEN

150 g Joghurt • 1 Mango, geschält und gewürfelt
2 Maracujas, halbiert und Fruchtfleisch herausgelöst
1 Stück Kurkumawurzel (1 cm), geschält und gerieben,
oder ½ TL gemahlene Kurkuma
1 Prise frisch gemahlener schwarzer Pfeffer

In dem erfrischenden Drink steckt Hesperitin. Dieses Flavonoid unterstützt die Gesundheit von Herz und Gefäßen.

GH *Gut für die Haut* PB *Probiotisch* V *Vitaminreich*

Joghurt, Mango, Maracujafruchtfleisch, Kurkuma, Pfeffer und 100 ml Wasser in einen Mixer füllen und cremig pürieren.

HEISSE MILCHDRINKS, TEES & TONICS

Ob heiß oder kalt, diese köstlichen Drinks wärmen herrlich durch und tun Körper und Seele einfach gut. Ganz nebenbei helfen ihre entzündungshemmenden Inhaltsstoffe dabei, Krankheiten vorzubeugen.

Hafer-Kurkuma-Latte
Ingwer-Kokos-Latte • Kurkuma-Zimt-Latte
Kurkuma-Kakao• Pikanter Cayenne Latte
Kurkuma-Safran-Latte • Goldener Caffè Latte
Matcha-Kurkuma-Latte • Cashew-Kokos-Latte
Kurkuma-Ingwer-Tee • Lorbeer-Orangen-Tee
Honig-Kurkuma-Tee • Kurkuma Chai
Detox-Tee mit Kurkuma • Grüner Kurkuma-Eistee
Kurkuma-Lemon-Tonic • Holunder-Kurkuma-Tonic • Kurkuma-Tamarinden-Tonic
Grapefruit-Kurkuma-Tonic

HAFER-KURKUMA-LATTE

Für 1 Person – Zubereitung: 3 Minuten, plus 6 Minuten Kochen

ZUTATEN

250 ml Haferdrink • ½ EL Kokosöl • 1 EL Honig
1 TL gemahlene Kurkuma • 1 Prise frisch gemahlener schwarzer Pfeffer

Der Haferdrink bringt die Vitamine B, E, A sowie Folsäure in dieses heiße Pflanzenmilchgetränk.

B *Beruhigend* EH *Entzündungshemmend* SI *Stärkt das Immunsystem*

Haferdrink, Kokosöl, Honig, Kurkuma und Pfeffer in einen Topf geben. Bei mittlerer Hitze unter Rühren in 6 Minuten bis zum Siedepunkt erhitzen, jedoch nicht kochen lassen. Sofort servieren.

INGWER-KOKOS-LATTE

Für 1 Person – Zubereitung: 3 Minuten, plus 6 Minuten Kochen

ZUTATEN

250 ml Mandeldrink • 2 TL Kokosblütenzucker
½ EL Kokosöl • ½ TL gemahlener Zimt • ½ TL gemahlene Kurkuma
¼ TL gemahlener Ingwer, plus 1 Prise zum Bestreuen
1 Prise frisch gemahlener schwarzer Pfeffer

Kokosöl enthält natürliche gesättigte Fette, die den Cholesterinspiegel regulieren und »schädliches« Cholesterin in »gutes« umwandeln.

BZ *Reguliert den Blutzuckerspiegel* **FV** *Fördert die Verdauung* **SE** *Spendet Energie*

Mandeldrink, Zucker, Kokosöl und Gewürze in einen Topf geben. Bei mittlerer Hitze unter Rühren in 6 Minuten bis zum Siedepunkt erhitzen, jedoch nicht kochen lassen. Mit gemahlenem Ingwer bestreuen und servieren.

KURKUMA-ZIMT-LATTE

Für 1 Person – Zubereitung: 3 Minuten, plus 6 Minuten Kochen

ZUTATEN

250 ml Mandeldrink • ½ EL Kokosöl • 1 EL Honig
1 TL gemahlene Kurkuma
1 TL gemahlener Zimt, plus 1 Prise zum Bestreuen
1 Prise frisch gemahlener schwarzer Pfeffer

Mit Zimt trägt dieser wohlige Pflanzenmilchdrink zur Senkung des Blutzuckerspiegels bei.

B *Beruhigend* LS *Lindert Stressbeschwerden* M *Mineralstoffreich*

Mandeldrink, Kokosöl, Honig und Gewürze in einen Topf geben. Bei mittlerer Hitze unter Rühren in 6 Minuten bis zum Siedepunkt erhitzen, jedoch nicht kochen lassen. Mit gemahlenem Zimt bestreuen und servieren.

KURKUMA-KAKAO

Für 1 Person – Zubereitung: 5 Minuten, plus 2 Minuten Kochen

ZUTATEN

250 ml Mandeldrink • ½ EL Kokosöl • 1 TL Ahornsirup
1 EL Kakaopulver, plus 1 Prise zum Bestreuen
1 TL gemahlene Kurkuma • ½ TL gemahlener Zimt
1 Prise frisch gemahlener schwarzer Pfeffer

Kakao enthält neben Eisen und Kalzium auch Magnesium, das die Gesundheit von Herz und Gehirn stärkt.

BB *Blutbildend* CH *Cholesterinsenkend* RV *Revitalisierend*

Den Mandeldrink in einem Topf bei mittlerer Hitze in 2 Minuten bis zum Siedepunkt erhitzen. Dann Kokosöl, Ahornsirup, Kakao und Gewürze gut unterrühren. Mit Kakaopulver bestreuen und servieren.

PIKANTER CAYENNE LATTE

Für 1 Person – Zubereitung: 3 Minuten, plus 6 Minuten Kochen

ZUTATEN

250 ml Mandeldrink • 1 TL Honig • ½ EL Kokosöl
1 Prise Cayennepfeffer, plus 1 kleine Prise zum Bestreuen (nach Belieben)
1 Prise frisch gemahlener schwarzer Pfeffer
1 TL gemahlene Kurkuma

Cayennepfeffer gibt diesem heißen Pflanzenmilchdrink den richtigen Kick und unterstützt auch gleich noch das Verdauungssystem.

BB *Blutbildend* EH *Entzündungshemmend* G *Stärkt das Gehirn*

Mandeldrink, Honig, Kokosöl und Gewürze in einen Topf geben. Bei mittlerer Hitze unter Rühren in 6 Minuten bis zum Siedepunkt erhitzen, jedoch nicht kochen lassen. Nach Belieben mit gemahlenem Cayennepfeffer bestreuen und servieren.

KURKUMA-SAFRAN-LATTE

Für 1 Person – Zubereitung: 3 Minuten, plus 6 Minuten Kochen

ZUTATEN

250 ml Sojadrink • 1–2 TL Honig • ½ EL Kokosöl
1 TL gemahlene Kurkuma • 1 Prise Safranfäden
1 Prise gemahlene Gewürznelken • 1 Prise gemahlener Kardamom
1 Prise gemahlener Ingwer • 1 Prise frisch gemahlener schwarzer Pfeffer

Safran wird in der Naturheilkunde wegen seiner stimmungsaufhellenden, antioxidativen und verdauungsfördernden Eigenschaften geschätzt.

B *Beruhigend* M *Mineralstoffreich* SK *Stärkt die Knochen*

Sojadrink, Honig, Kokosöl und Gewürze in einen Topf geben. Bei mittlerer Hitze unter Rühren in 6 Minuten bis zum Siedepunkt erhitzen, jedoch nicht kochen lassen. Sofort servieren.

GOLDENER CAFFÈ LATTE

Für 1 Person – Zubereitung: 3 Minuten, plus 6 Minuten Kochen

ZUTATEN

250 ml Mandeldrink
30 ml Kaffee oder ½ TL Instant-Kaffeepulver • 1 TL Kokosblütenzucker
½ TL Vanillepaste oder Mark von ½ Vanilleschote
1 TL gemahlene Kurkuma • 1 Prise gemahlener Ingwer
1 Prise gemahlener Zimt

Kaffee trägt dazu bei, das Herz gesund zu halten. Ein guter Grund, um diesen milden Drink öfter zu genießen.

FV *Fördert die Verdauung* SE *Spendet Energie* SW *Regt den Stoffwechsel an*

Mandeldrink, Kaffee, Zucker, Vanille und Gewürze in einen Topf geben. Bei mittlerer Hitze unter Rühren in 6 Minuten bis zum Siedepunkt erhitzen, jedoch nicht kochen lassen. Sofort servieren.

MATCHA-KURKUMA-LATTE

Für 1 Person – Zubereitung: 3 Minuten, plus 6 Minuten Kochen

ZUTATEN

250 ml Mandeldrink • ½ EL Kokosöl • 1 EL Honig
1 TL Matchapulver (Grünteepulver) • 1 TL gemahlene Kurkuma
1 Prise frisch gemahlener schwarzer Pfeffer

Dieses köstliche Pflanzenmilchgetränk überzeugt mit vielen Antioxidanzien. Sie stärken das Gedächtnis und fördern die Konzentration.

BZ *Reguliert den Blutzuckerspiegel* RV *Revitalisierend* SI *Stärkt das Immunsystem*

Mandeldrink, Kokosöl, Honig, Matcha und Gewürze in einen Topf geben. Bei mittlerer Hitze unter Rühren in 6 Minuten bis zum Siedepunkt erhitzen, jedoch nicht kochen lassen. Sofort servieren.

CASHEW-KOKOS-LATTE

Für 1 Person – Zubereitung: 3 Minuten, plus 6 Minuten Kochen

ZUTATEN

250 ml Kokosmilch • 1 EL Cashewmus
1 TL Honig • ½ EL Kokosöl • 1 TL gemahlene Kurkuma
1 Prise frisch gemahlener schwarzer Pfeffer

Der wunderbar milde Kokosmilchdrink hebt die Laune und die Stimmung im Handumdrehen.

B *Beruhigend* **P** *Proteinreich* **SK** *Stärkt die Knochen*

Kokosmilch, Cashewmus, Honig, Kokosöl und Gewürze in einen Topf geben. Bei mittlerer Hitze unter Rühren in 6 Minuten bis zum Siedepunkt erhitzen, jedoch nicht kochen lassen. Sofort servieren.

KURKUMA-INGWER-TEE

Für 1 Person – Zubereitung: 3 Minuten, plus 8–10 Minuten Kochen

ZUTATEN

1 Stück Kurkumawurzel (2,5 cm), geschält und leicht angedrückt
½ TL frisch geriebener Ingwer • 1 TL Honig (nach Belieben)

Der Tee tut richtig gut, denn Ingwer ist ein bewährtes Mittel gegen Übelkeit und Verdauungsbeschwerden.

BB *Blutbildend* FV *Fördert die Verdauung* R *Reinigend*

Kurkuma, Ingwer, nach Belieben Honig und 250 ml kochendes Wasser in einen Topf geben. Bei schwacher Hitze 8–10 Minuten köcheln lassen. Den Tee durch ein Sieb abgießen und sofort servieren.

LORBEER-ORANGEN-TEE

Für 1 Person – Zubereitung: 3 Minuten, plus 6 Minuten Kochen

ZUTATEN

1 Stück Kurkumawurzel (2,5 cm), geschält und leicht angedrückt
Saft von ¼ Orange • 1 Streifen Bio-Orangenschale
1 Lorbeerblatt (frisch oder getrocknet)
1 TL Honig (nach Belieben)

Lorbeerblätter sind ähnlich gesund wie Kurkuma. Sie wirken entgiftend und verlangsamen den Alterungsprozess.

EH *Entzündungshemmend* **FR** *Erfrischend* **FV** *Fördert die Verdauung*

Kurkuma, Orangensaft und -schale, Lorbeer, nach Belieben Honig und 250 ml kochendes Wasser in einen Topf geben. Bei schwacher Hitze 6 Minuten köcheln lassen. Den Tee durch ein Sieb abgießen und sofort servieren.

HONIG-KURKUMA-TEE

Für 1 Person – Zubereitung: 3 Minuten, plus 6 Minuten Kochen

ZUTATEN

1 Stück Kurkumawurzel (2,5 cm), geschält und leicht angedrückt
2 EL Honig

Honig reguliert den Blutzuckerspiegel und wirkt lindernd bei Husten und Halsschmerzen

EH *Entzündungshemmend* **FR** *Erfrischend* **FV** *Fördert die Verdauung*

Kurkuma, Honig und 250 ml kochendes Wasser in einen Topf geben. Bei schwacher Hitze 6 Minuten köcheln lassen. Den Tee sofort servieren.

KURKUMA CHAI

Für 2 Personen – Zubereitung: 3 Minuten, plus 3 Minuten Kochen und 5 Minuten Ziehen

ZUTATEN

1 Stück Kurkumawurzel (2,5 cm), geschält und leicht angedrückt
1 EL Honig • 1 Beutel schwarzer Tee • 1 kleine Zimtstange
1 Prise gemahlener Kardamom • 1 Prise gemahlener Ingwer
1 Prise gemahlener Piment • 1 Prise geriebene Muskatnuss
1 Prise gemahlene Gewürznelken
1 Prise frisch gemahlener schwarzer Pfeffer

Die besondere Gewürzmischung in diesem Chai lindert Völlegefühl und tut Magen und Darm gleichermaßen gut.

BB *Blutbildend* FV *Fördert die Verdauung* LS *Lindert Stressbeschwerden*

Kurkuma, Honig, Tee, Gewürze und 500 ml kochendes Wasser in einen Topf geben und 3 Minuten köcheln lassen. Dann den Herd ausschalten und den Tee noch 5 Minuten ziehen lassen. Teebeutel entfernen und den Chai servieren.

DETOX-TEE MIT KURKUMA

Für 1 Person – Zubereitung: 3 Minuten, plus 6 Minuten Kochen

ZUTATEN

1 Stück Kurkumawurzel (2,5 cm), geschält und leicht angedrückt
1 EL Honig • ¼ TL gemahlener Ingwer
1 Prise frisch gemahlener schwarzer Pfeffer

Der wohltuende Tee ist schnell gekocht. Durch den Ingwer lindert er viele Formen von Übelkeit.

BB *Blutbildend* BR *Blutreinigend* EH *Entzündungshemmend*

Kurkuma, Honig, Ingwer, Pfeffer und 250 ml kochendes Wasser in einen Topf geben. Bei schwacher Hitze 6 Minuten köcheln lassen. Den Tee sofort servieren.

GRÜNER KURKUMA-EISTEE

Für 1 Person – Zubereitung: 3 Minuten, plus 20 Minuten Ziehen

ZUTATEN

1 Stück Kurkumawurzel (2,5 cm), geschält und leicht angedrückt
1 TL Matchapulver (Grünteepulver) oder 1 Beutel Grüntee
½ Bio-Zitronenscheibe • 1 EL Honig
1 Stängel Minze • 1 Handvoll Eiswürfel

Dieser Eistee auf der Basis von grünem Tee erfrischt und kurbelt im Nu den Stoffwechsel an.

BS *Basenbildend* GH *Gut für die Haut* R *Reinigend*

Kurkuma, Matcha, Zitrone, Honig und 250 ml kochendes Wasser in einen Topf geben. Den Tee 20 Minuten ziehen und dabei auf Raumtemperatur abkühlen lassen. (Falls verwendet, danach den Teebeutel entfernen.) Minze und Eiswürfel einrühren und servieren.

KURKUMA-LEMON-TONIC

Ergibt ca. 1 Liter – Zubereitung: 3 Minuten, plus 5 Minuten Kochen und 20 Minuten Ziehen

ZUTATEN

1 Stück Kurkumawurzel (1 cm), geschält und fein gehackt,
oder 1 TL gemahlene Kurkuma • ¼ TL fein gehackter Ingwer
Saft von 1 Zitrone • Honig nach Geschmack

Pro Tag soll man ja mindestens 1 Liter trinken. Das beugt Müdigkeit vor und hebt die Stimmung – mit diesem Tonic ein Kinderspiel.

BR *Blutreinigend* R *Reinigend* SF *Spendet Feuchtigkeit*

Kurkuma, Ingwer und 1 l Wasser in einen Topf geben und 5 Minuten kochen lassen. Danach in eine Kanne gießen und 20 Minuten ziehen lassen. Den Zitronensaft einrühren und nach Geschmack mit Honig süßen. Das Tonic lauwarm oder auf Eis servieren.

HOLUNDER-KURKUMA-TONIC

Ergibt ca. 1 Liter – Zubereitung: 3 Minuten, plus 5 Minuten Kochen und 20 Minuten Ziehen

ZUTATEN

1 gehäufter EL getrocknete Holunderbeeren
1 Stück Kurkumawurzel (2,5 cm), geschält und fein geschnitten
1 Zimtstange • 2 Gewürznelken • 2 Kardamomkapseln
Honig nach Geschmack

Holunderbeeren sind reich an Anthocyanidinen. Sie stärken das Immunsystem und helfen, Viruserkrankungen zu bekämpfen.

EH *Entzündungshemmend* G *Stärkt das Gehirn* V *Vitaminreich*

Holunderbeeren, Kurkuma, Gewürze und 1 l Wasser in einen Topf geben und 5 Minuten kochen lassen. Danach in eine Kanne gießen und 20 Minuten ziehen lassen. Das Tonic nach Geschmack mit Honig süßen, durch ein Sieb gießen und lauwarm oder auf Eis servieren.

KURKUMA-TAMARINDEN-TONIC

Ergibt ca. 1 Liter – Zubereitung: 3 Minuten, plus 5 Minuten Kochen und 20 Minuten Ziehen

ZUTATEN

1 Stück Kurkumawurzel (2,5 cm), geschält und fein geschnitten
1 Stück Ingwer (2,5 cm), geschält und fein gehackt
2 EL Tamarindenmark ohne Kerne • Honig nach Geschmack

Die Tamarinde bringt viel Vitamin C in dieses Tonic.
Daneben wirkt sie kühlend auf den Körper.

FR *Erfrischend* **FV** *Fördert die Verdauung* **SI** *Stärkt das Immunsystem*

Kurkuma, Ingwer, Tamarinde und 1 l Wasser in einen Topf geben und 5 Minuten kochen lassen. Danach in eine Kanne gießen und 20 Minuten ziehen lassen. Das Tonic nach Geschmack mit Honig süßen, durch ein Sieb gießen und lauwarm oder auf Eis servieren.

GRAPEFRUIT-KURKUMA-TONIC

Ergibt ca. 1,2 Liter – Zubereitung: 5 Minuten

ZUTATEN

Saft von 1½ rosa Grapefruits • 2 EL frisch geriebene Kurkuma
6 EL Honig • 1 l Mineralwasser (still oder kohlensäurehaltig)

Durch die Grapefruits ist das Tonic reich an Vitamin C. Diese Zitrusfrüchte tragen auch zur Senkung von Bluthochdruck bei.

FV *Fördert die Verdauung* R *Reinigend* SF *Spendet Feuchtigkeit*

Grapefruitsaft, Kurkuma, Honig und Mineralwasser in einem großen Krug verrühren. Das Tonic nach Belieben mit Eiswürfeln servieren.

SUPPEN

Suppen mit frischem Gemüse und Vollkorngetreide machen lange satt und versorgen den Körper mit wertvollen Nährstoffen. Die helfen ihm, Infektionen zu trotzen. Obendrein verwöhnen die köstlichen Suppen den Gaumen und den Magen mit frischer oder gemahlener Kurkuma.

Kokos-Linsen-Suppe • Gemüsesuppe mit Kurkuma
Blumenkohlsuppe • Gepfefferte Möhrensuppe
Süßkartoffel-Kokos-Suppe • Brokkoli-
Kurkuma-Suppe • Kürbissuppe mit Kurkuma
Bunte Kohlsuppe • Lauch-Kartoffel-Suppe mit Reis
Möhrensuppe mit Apfel • Linsensuppe
mit Emmer • Grüne Spargelsuppe
Tomatensuppe mit Tamarinde • Nudelsuppe
mit Einlage • Möhren-Orangen-Suppe
Minzige Zucchini-Erbsen-Suppe
Sanfte Spinatsuppe • Pilzsuppe
Linsensuppe mit Spinat • Maissuppe mit Paprika
Goldgelbe Graupensuppe • Milde Erbsensuppe
Grüner Suppentopf • Brokkolisuppe mit Miso
Pikante Kichererbsensuppe • Weiße Bohnensuppe
Sellerie-Kokos-Suppe • Geröstete Paprikasuppe
Rote Wurzelsuppe

KOKOS-LINSEN-SUPPE

Für 2 Personen – Zubereitung: 45 Minuten

ZUTATEN

1 EL Kokosöl • 1 Zwiebel, fein gehackt • 1 Knoblauchzehe, fein gehackt
½ EL frisch geriebener Ingwer • 1 Stück Kurkumawurzel (4 cm), geschält und gerieben, oder 1½ TL gemahlene Kurkuma
1 Prise Chiliflocken • 100 g rote Linsen • 200 ml Kokosmilch
2 EL Kokoschips, geröstet, zum Bestreuen

Linsen tragen dazu bei, den Cholesterinspiegel und den Blutzuckerspiegel zu regulieren.

BB *Blutbildend* M *Mineralstoffreich* SW *Regt den Stoffwechsel an*

Das Öl in einem Topf erhitzen. Zwiebel, Knoblauch und Ingwer darin weich dünsten. Kurkuma und Chili zugeben und 1 Minute mitdünsten. Linsen und 500 ml Wasser zufügen, aufkochen und 15 Minuten köcheln lassen. Dann die Kokosmilch einrühren und weiterköcheln lassen, bis die Linsen weich sind. Die Suppe mit einem Mixer cremig pürieren, mit Kokoschips bestreut servieren.

GEMÜSESUPPE MIT KURKUMA

Für 2 Personen – Zubereitung: 35 Minuten

ZUTATEN

1 EL Olivenöl • 1 Stange Lauch, in dünne Scheiben geschnitten
1 Stück Kurkumawurzel (4 cm), geschält und gerieben,
oder 1½ TL gemahlene Kurkuma • 1 Zucchini, geschält und gewürfelt
1 Fenchelknolle, in Stücke geschnitten • 1 Knoblauchzehe, gehackt
500 ml Gemüsebrühe • 400 g ganze Tomaten (aus der Dose), abgetropft
2 Prisen frisch gemahlener schwarzer Pfeffer

Diese wunderbar cremige Suppe versorgt den Körper mit Antioxidanzien und Aminosäuren.

EH *Entzündungshemmend* M *Mineralstoffreich* SK *Stärkt die Knochen*

Das Öl in einem Topf erhitzen und den Lauch darin bei schwacher Hitze 5 Minuten dünsten. Kurkuma, Zucchini, Fenchel und Knoblauch zugeben und 5 Minuten mitdünsten. Brühe und Tomaten einrühren. Alles aufkochen, dann offen 20 Minuten köcheln lassen, bis das Gemüse weich ist. Die Suppe mit einem Mixer cremig pürieren und mit Pfeffer bestreut servieren.

BLUMENKOHLSUPPE

Für 2 Personen – Zubereitung: 25 Minuten

ZUTATEN

1 EL Kokosöl • ½ mittelgroßer Blumenkohl, gewürfelt
1 Knoblauchzehe, gerieben • 1 Stück Kurkumawurzel (4 cm), geschält und gerieben, oder 1½ TL gemahlene Kurkuma
400 ml Gemüsebrühe • 125 ml Kokosmilch
1 Prise frisch gemahlener schwarzer Pfeffer • Salz

Diese Suppe punktet mit einer samtigen Konsistenz sowie mit viel Vitamin C und Folsäure.

CH *Cholesterinsenkend* FV *Fördert die Verdauung* M *Mineralstoffreich*

Das Öl in einem Topf erhitzen und den Blumenkohl darin 4–5 Minuten sanft anbraten. Knoblauch und Kurkuma zugeben und 1 Minute mitbraten. Die Brühe zugießen. Alles aufkochen und abgedeckt köcheln lassen, bis der Blumenkohl weich ist. Dann Kokosmilch und Pfeffer einrühren. Die Suppe mit einem Mixer cremig pürieren und mit Salz abschmecken.

GEPFEFFERTE MÖHRENSUPPE

Für 2 Personen – Zubereitung: 35 Minuten

ZUTATEN

1 EL Olivenöl • 3 große Möhren, gewürfelt
1 Süßkartoffel, geschält und gewürfelt • ½ weiße Zwiebel, fein gehackt
1½ TL gemahlene Kurkuma • 1 TL gemahlener Kreuzkümmel
1 TL gemahlener Ingwer • 2 Prisen frisch gemahlener schwarzer Pfeffer
500 ml Gemüsebrühe • Salz

Eisen, Ballaststoffe und Antioxidanzien sind die Trumpfkarten dieser fein würzigen Suppe.

EH *Entzündungshemmend* FV *Fördert die Verdauung* SI *Stärkt das Immunsystem*

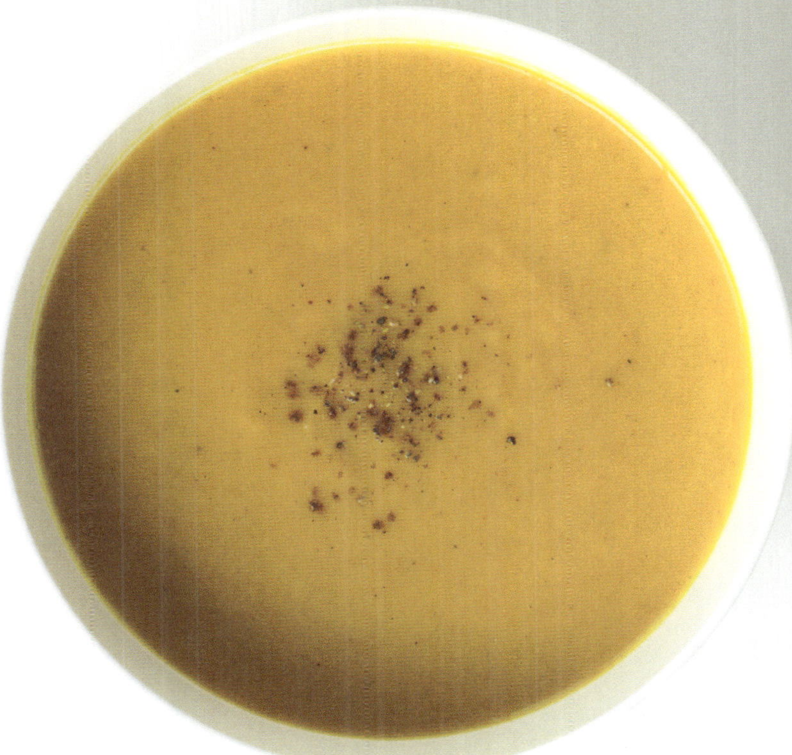

Das Öl in einem Topf erhitzen. Möhren, Süßkartoffel und Zwiebel darin in 8 Minuten weich dünsten. Kurkuma, Kreuzkümmel, Ingwer und Pfeffer einrühren und 1 Minute mitdünsten. Die Brühe zugießen. Alles aufkochen und abgedeckt 20 Minuten köcheln lassen. Die Suppe zuletzt mit einem Mixer cremig pürieren, mit Salz abschmecken und servieren.

SÜSSKARTOFFEL-KOKOS-SUPPE

Für 2 Personen – Zubereitung: 40 Minuten

ZUTATEN

1 EL Kokosöl • ½ weiße Zwiebel, gehackt
1 TL frisch geriebene Muskatnuss • 1 Stück Kurkumawurzel (2,5 cm), geschält und gerieben, oder 1 TL gemahlene Kurkuma
450 g Süßkartoffel, geschält und gewürfelt • 500 ml Gemüsebrühe
400 ml Kokosmilch • frisch gemahlener schwarzer Pfeffer • Salz

Süßkartoffeln haben einen besonders hohen Gehalt an Vitamin A.
Das tut nicht nur den Augen gut.

FV *Fördert die Verdauung* J *Verjüngend* V *Vitaminreich*

Das Öl in einem Topf erhitzen und die Zwiebel darin weich dünsten. Muskat und Kurkuma 30 Sekunden mitdünsten. Süßkartoffel und Brühe zugeben. Alles aufkochen und abgedeckt 30 Minuten köcheln lassen, bis die Süßkartoffel weich ist. Die Kokosmilch einrühren, die Suppe mit Pfeffer und Salz würzen und mit einem Mixer cremig pürieren.

BROKKOLI-KURKUMA-SUPPE

Für 2 Personen – Zubereitung: 35 Minuten

ZUTATEN

1 EL Olivenöl • 1 kleine Zwiebel, gehackt • 2 Knoblauchzehen, gerieben
1 Stück Kurkumawurzel (2,5 cm), geschält und gerieben,
oder 1 TL gemahlene Kurkuma • 12 Brokkoliröschen, gehackt
1 Kartoffel, geschält und gewürfelt • 1 EL Cashewkerne
250 ml Gemüsebrühe • frisch gemahlener schwarzer Pfeffer • Salz

Die Suppe senkt den Cholesterinspiegel und liefert dem Körper gleichzeitig die Vitamine A, D und K.

EH *Entzündungshemmend* SI *Stärkt das Immunsystem* V *Vitaminreich*

Das Öl in einem Topf erhitzen. Zwiebel, Knoblauch und Kurkuma darin in 3 Minuten weich dünsten. Brokkoli, Kartoffel und Cashewkerne zugeben und 1 Minute unter Rühren mitdünsten. Die Brühe und 250 ml Wasser zugießen. Alles aufkochen und 20 Minuten köcheln lassen, bis das Gemüse weich ist. Die Suppe mit einem Mixer cremig pürieren, mit Pfeffer und Salz abschmecken.

KÜRBISSUPPE MIT KURKUMA

Für 2 Personen – Zubereitung: 50 Minuten

ZUTATEN

1 EL Olivenöl • ½ kleine weiße Zwiebel, gehackt
½ TL gemahlener Kreuzkümmel • 1 Stück Kurkumawurzel (2,5 cm), geschält und gerieben, oder 1 TL gemahlene Kurkuma
1 Möhre, gewürfelt • 1 rote Paprika, entkernt und gewürfelt
400 g Kürbis, geschält, entkernt und gewürfelt • 500 ml Gemüsebrühe

Der Kürbis in dieser Suppe reguliert den Blutdruck und hält das Herz gesund.

LS *Lindert Stressbeschwerden* SW *Regt den Stoffwechsel an* V *Vitaminreich*

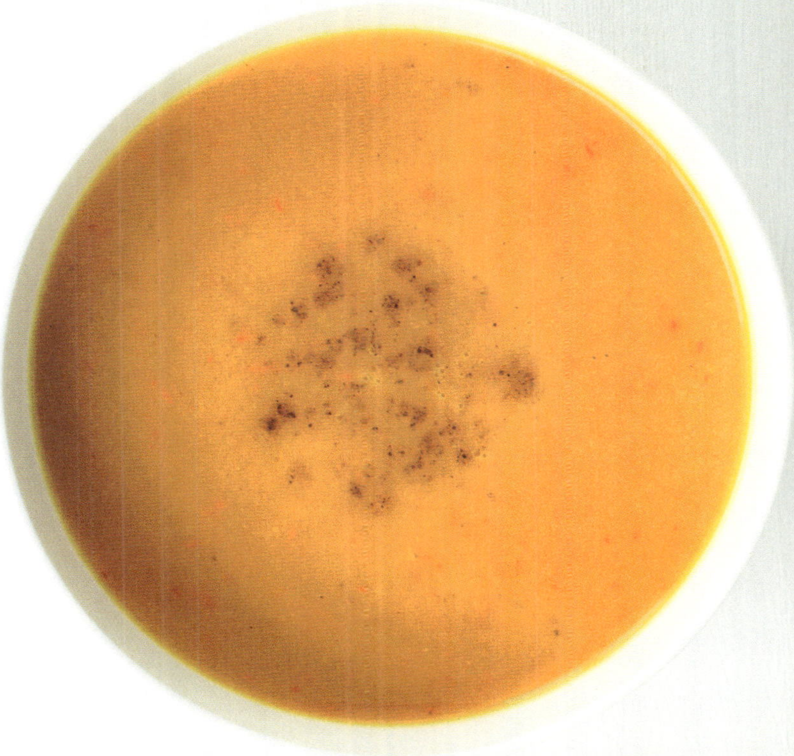

Das Öl in einem Topf erhitzen und die Zwiebel darin in 3 Minuten weich dünsten. Kreuzkümmel, Kurkuma, Möhre und Paprika zugeben und 3 Minuten mitdünsten. Kürbis und Brühe zufügen. Alles aufkochen und abgedeckt 30 Minuten köcheln lassen, bis der Kürbis weich ist. Abschmecken, mit einem Mixer cremig pürieren und servieren.

BUNTE KOHLSUPPE

Für 2 Personen – Zubereitung: 35 Minuten

ZUTATEN

1 EL Olivenöl • ½ weiße Zwiebel, gehackt • 1 Möhre, gewürfelt
1 Stange Staudensellerie, in Scheiben geschnitten
1 TL Fenchelsamen • 1 Stück Kurkumawurzel (2,5 cm), geschält und gerieben,
oder 1 TL gemahlene Kurkuma • 1 kleine Kartoffel, geschält und gewürfelt
¼ Kopf Spitzkohl, in Streifen geschnitten • 500 ml Gemüsebrühe
frisch gemahlener schwarzer Pfeffer • Salz

Diese klare Suppe schmeckt köstlich und tut gut. Denn der Kohl versorgt den Körper mit den Vitaminen C, B_6 und K.

BR *Blutreinigend* GH *Gut für die Haut* SK *Stärkt die Knochen*

Das Öl in einem Topf erhitzen. Zwiebel, Möhre und Sellerie darin in 5 Minuten weich dünsten. Fenchelsamen, Kurkuma und Kartoffel zugeben und 1 Minute mitdünsten. Kohl und Brühe zufügen. Alles aufkochen und 20 Minuten köcheln lassen, bis der Kohl weich ist. Die Suppe mit Pfeffer und Salz abschmecken und servieren.

LAUCH-KARTOFFEL-SUPPE MIT REIS

Für 2 Personen – Zubereitung: 25 Minuten

ZUTATEN

1 EL Olivenöl • 1 große Stange Lauch, in dünne Ringe geschnitten
1 Kartoffel, geschält und gewürfelt • 1 Stück Kurkumawurzel (2,5 cm), geschält und gerieben oder 1 TL gemahlene Kurkuma
500 ml Gemüsebrühe • 60 g gegarter brauner Reis (Naturreis)
Saft von ½ Zitrone • frisch gemahlener schwarzer Pfeffer • Salz

Brauner Reis ist eine kleine Nährstoffbombe. Er enthält Proteine, Ballaststoffe, Magnesium und Kalium.

BS *Basenbildend* M *Mineralstoffreich* EH *Entzündungshemmend*

Das Öl in einem Topf erhitzen und den Lauch darin 4 Minuten dünsten. Kartoffel und Kurkuma zugeben und 1 Minute mitdünsten. Die Brühe zugießen, alles aufkochen und abgedeckt 15 Minuten köcheln lassen. Den Reis einrühren, dann den Herd ausschalten. Den Zitronensaft einrühren und die Suppe mit Pfeffer und Salz abschmecken.

MÖHRENSUPPE MIT APFEL

Für 2 Personen – Zubereitung: 25 Minuten

ZUTATEN

1 EL Olivenöl • 4 große Möhren, gewürfelt • ½ weiße Zwiebel, fein gehackt
1 Apfel, geschält, entkernt und gewürfelt • 1½ TL gemahlene Kurkuma
500 ml Gemüsebrühe • frisch gemahlener schwarzer Pfeffer • Salz

Möhren halten die Augen gesund und stärken auch gleich noch das Immunsystem.

BI *Bekämpft Infektionen* RV *Revitalisierend* V *Vitaminreich*

Das Öl in einem Topf erhitzen, Möhren und Zwiebel darin in 8 Minuten weich dünsten. Apfel und Kurkuma zugeben und unter Rühren 1 Minute mitdünsten. Die Brühe zugießen, alles aufkochen und abgedeckt 15 Minuten köcheln lassen. Die Suppe mit einem Mixer cremig pürieren, mit Pfeffer und Salz abschmecken und servieren.

LINSENSUPPE MIT EMMER

Für 2 Personen – Zubereitung: 40 Minuten

ZUTATEN

1 EL Olivenöl • ½ weiße Zwiebel, gehackt • 1 Knoblauchzehe, gehackt
1 Lorbeerblatt • 1 Stück Kurkumawurzel (2,5 cm), geschält und gerieben, oder 1 TL gemahlene Kurkuma • 1 TL Paprikapulver
½ TL gemahlener Kreuzkümmel • 400 g stückige Tomaten (aus der Dose)
50 g rote Linsen • 50 g Emmer- oder Dinkelkörner
1 Handvoll gehackter Weißkohl • frisch gemahlener schwarzer Pfeffer • Salz

Die alte Getreidesorte Emmer ist nicht nur reich an Ballaststoffen. Sie enthält auch mehr als zehn verschiedene Vitamine und Mineralstoffe.

FV *Fördert die Verdauung* P *Proteinreich* V *Vitaminreich*

Das Öl in einem Topf erhitzen. Zwiebel und Knoblauch darin in 4 Minuten weich dünsten. Lorbeer, Kurkuma, Paprika und Kreuzkümmel zugeben und 1 Minute unter Rühren mitdünsten. Tomaten, Linsen, Emmer und 500 ml Wasser zugeben. Aufkochen und 15–30 Minuten köcheln lassen, bis der Emmer weich ist. Den Kohl einrühren und alles 5 Minuten weiterköcheln lassen. Die Suppe mit Pfeffer und Salz abschmecken und servieren.

GRÜNE SPARGELSUPPE

Für 2 Personen – Zubereitung: 25 Minuten

ZUTATEN

1 EL Olivenöl • 1 Stange Lauch, in schmale Ringe geschnitten
80 g grüner Spargel, in kurze Stücke geschnitten
½ TL gemahlener Kreuzkümmel • ¼ TL gemahlener Ingwer
½ TL gemahlene Kurkuma • 150 ml Kokosmilch
abgeriebene Schale und Saft von ½ Bio-Zitrone
frisch gemahlener schwarzer Pfeffer • Salz

Diese Suppe ist reich an Kalium und Folsäure. Beide fördern die Gesundheit von Herz und Kreislauf.

SK *Stärkt die Knochen* **SW** *Regt den Stoffwechsel an* **V** *Vitaminreich*

Das Öl in einem Topf erhitzen und den Lauch darin in 5 Minuten weich dünsten. Spargel und Gewürze zugeben und 3 Minuten unter Rühren mitdünsten. Kokosmilch, Zitronenschale und -saft und 300 ml Wasser zufügen. Alles aufkochen und 3–4 Minuten köcheln lassen. Die Suppe mit Pfeffer und Salz abschmecken, mit einem Mixer cremig pürieren und servieren.

TOMATENSUPPE MIT TAMARINDE

Für 2 Personen – Zubereitung: 25 Minuten

ZUTATEN

1 EL Olivenöl • 1 rote Zwiebel, grob gehackt • 1 Knoblauchzehe, gerieben
1 rote Paprika, entkernt und gewürfelt • 250 g stückige Tomaten (aus der Dose)
1 Stück Kurkumawurzel (2,5 cm), geschält und gerieben,
oder 1 TL gemahlene Kurkuma • 1 EL Tamarindenmark ohne Kerne

In der kräftig roten Suppe stecken viel Vitamin A und C.
Beide Vitamine unterstützen eine gesunde Haut.

BB *Blutbildend* J *Verjüngend* SW *Regt den Stoffwechsel an*

Das Öl in einem Topf erhitzen. Zwiebel und Knoblauch darin 3 Minuten dünsten. Die Paprika zugeben und 5 Minuten mitdünsten. Tomaten, Kurkuma und Tamarindenmark zufügen und unter Rühren 1 Minute erhitzen. 500 ml Wasser zugießen, aufkochen und 10 Minuten köcheln lassen. Die Suppe mit einem Mixer cremig pürieren und servieren.

NUDELSUPPE MIT EINLAGE

Für 2 Personen – Zubereitung: 25 Minuten

ZUTATEN

1 EL Olivenöl • 1 Zwiebel, fein gehackt • 1 EL frisch geriebener Ingwer
2 Knoblauchzehen, gerieben • 1 Stück Kurkumawurzel (2,5 cm), geschält und gerieben, oder 1 TL gemahlene Kurkuma • ½ TL gemahlener Kreuzkümmel
½ TL gemahlener Koriander • 600 ml Gemüsebrühe
200 g Kichererbsen (aus der Dose), abgespült • 60 g dünne Reisnudeln
2 Handvoll Blattspinat • frisch gemahlener schwarzer Pfeffer • Salz

Die proteinreiche Suppe macht garantiert jeden Suppenkaspar glücklich – und macht auch noch richtig lange satt.

FV *Fördert die Verdauung* LS *Lindert Stressbeschwerden* R *Reinigend*

Das Öl in einem Topf erhitzen. Zwiebel, Ingwer, Knoblauch und Kurkuma darin 3 Minuten dünsten. Kreuzkümmel und Koriander zugeben und 1 Minute mitdünsten. Die Brühe zugießen und zum Köcheln bringen. Kichererbsen, Nudeln und Spinat einrühren und 3–5 Minuten köcheln lassen, bis die Nudeln weich sind. Die Suppe mit Pfeffer und Salz abschmecken und servieren.

MÖHREN-ORANGEN-SUPPE

Für 2 Personen – Zubereitung: 25 Minuten

ZUTATEN

1 EL Olivenöl • 5 Möhren, grob gewürfelt • 1 Zwiebel, gehackt
1 Stück Ingwer (1 cm), geschält und gerieben
1 Stück Kurkumawurzel (1 cm), geschält und gerieben, oder ½ TL gemahlene Kurkuma • 500 ml Hühner- oder Gemüsebrühe
1 Orange, geschält und geviertelt • 1 TL abgeriebene Bio-Orangenschale
frisch gemahlener schwarzer Pfeffer • Salz

Durch Orange und Orangenschale besitzt die sonnengelbe Suppe viel Aroma und auch Vitamin C, Kalium und Ballaststoffe.

BB *Blutbildend* BR *Blutreinigend* V *Vitaminreich*

Das Öl in einem Topf erhitzen. Möhren, Zwiebel, Ingwer und Kurkuma darin bei schwacher Hitze 5 Minuten dünsten. Die Brühe zugießen, aufkochen und 8–10 Minuten köcheln lassen, bis die Möhren weich sind. Orange und Orangenschale einrühren und die Suppe mit einem Mixer cremig pürieren. Die Suppe danach noch 3 Minuten bei schwacher Hitze erwärmen. Mit Pfeffer und Salz abschmecken und servieren.

MINZIGE ZUCCHINI-ERBSEN-SUPPE

Für 2 Personen – Zubereitung: 25 Minuten

ZUTATEN

1 EL Olivenöl • 2 Zucchini, grob gewürfelt • 1 Knoblauchzehe, fein gehackt 40 g Erbsen (TK) • 1 Stück Kurkumawurzel (1 cm), geschält und gerieben, oder ½ TL gemahlene Kurkuma • 500 ml Gemüsebrühe 2 Stängel Minze • frisch gemahlener schwarzer Pfeffer • Salz

Erbsen enthalten die Vitamine C und E sowie das Spurenelement Zink.
Alle drei Stoffe haben eine antioxidative Wirkung.

(A) *Gut für die Augen* (M) *Mineralstoffreich* (R) *Reinigend*

Das Öl in einem Topf erhitzen. Zucchini und Knoblauch darin 5 Minuten dünsten, bis die Zucchini weich sind. Erbsen, Kurkuma und Brühe zufügen. Alles aufkochen und 2 Minuten köcheln lassen. Die Minze zugeben und die Suppe mit einem Mixer cremig pürieren. Mit Pfeffer und Salz abschmecken.

SANFTE SPINATSUPPE

Für 2 Personen – Zubereitung: 30 Minuten

ZUTATEN

1 EL Olivenöl • 1 kleine Zwiebel, gehackt
1 Stück Kurkumawurzel (1 cm), geschält und gerieben,
oder ½ TL gemahlene Kurkuma • 200 g Blattspinat (TK), angetaut
1 kleine Zucchini, gewürfelt • frisch gemahlener schwarzer Pfeffer • Salz

Spinat steckt voller wertvoller Nährstoffe. Damit stärkt diese Suppe die Augen, reguliert den Blutdruck und kräftigt die Muskeln.

FV *Fördert die Verdauung* M *Mineralstoffreich* SK *Stärkt die Knochen*

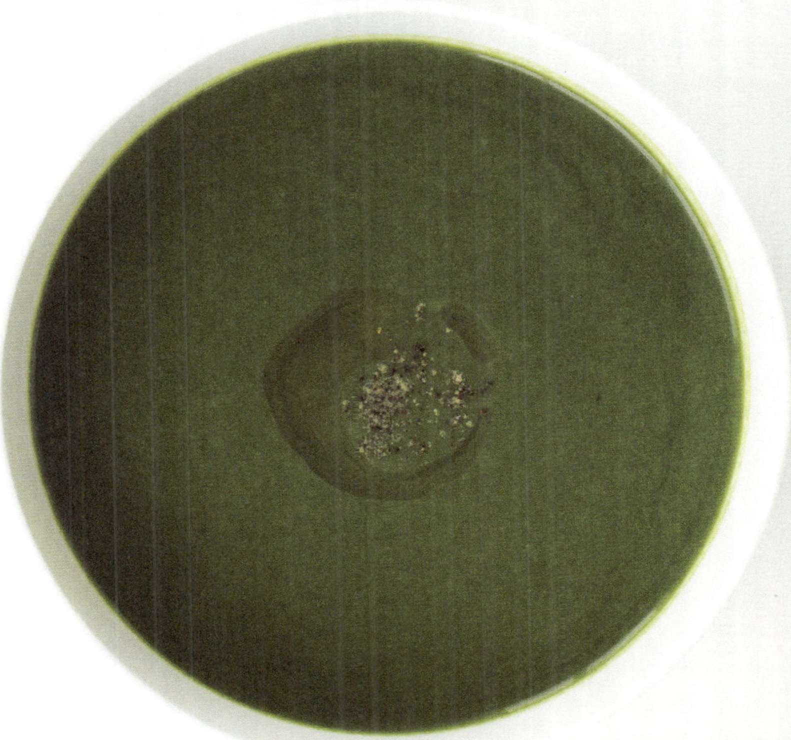

Das Öl in einem Topf erhitzen und die Zwiebel darin in 3–4 Minuten weich dünsten. Die Kurkuma zugeben und 1 Minute mitdünsten. Spinat, Zucchini und 500 ml Wasser einrühren. Alles aufkochen und 20 Minuten köcheln lassen. Die Suppe mit einem Mixer cremig pürieren, kräftig mit Pfeffer und Salz abschmecken und servieren.

PILZSUPPE

Für 2 Personen – Zubereitung: 30 Minuten

ZUTATEN

1 EL Olivenöl • 1 kleine Zwiebel, gehackt • 1 Knoblauchzehe, fein gehackt
450 g Champignons oder andere Pilze, bei Bedarf gehäutet und gehackt
1 TL Thymianblätter • 1 Stück Kurkumawurzel (1 cm), geschält
und gerieben, oder ½ TL gemahlene Kurkuma
500 ml Gemüsebrühe • frisch gemahlener schwarzer Pfeffer • Salz

Pilze sind sehr reich an Selen. Dieses Spurenelement entfaltet eine antioxidative Wirkung im Körper.

CH *Cholesterinsenkend* M *Mineralstoffreich* SI *Stärkt das Immunsystem*

Das Öl in einem Topf erhitzen. Zwiebel und Knoblauch darin weich dünsten. Champignons, Thymian und Kurkuma zugeben und unter Rühren 10 Minuten braten. Die Brühe zugießen, aufkochen und 10 Minuten köcheln lassen. Die Suppe mit einem Mixer cremig pürieren, mit Pfeffer und Salz abschmecken.

LINSENSUPPE MIT SPINAT

Für 2 Personen – Zubereitung: 50 Minuten

ZUTATEN

1 EL Olivenöl • 1 kleine Zwiebel, fein gehackt • 2 Knoblauchzehen, gerieben
1 Stück Kurkumawurzel (1 cm), geschält und gerieben, oder
½ TL gemahlene Kurkuma • 1 mittelgroße Möhre, fein gewürfelt
1 Handvoll Blattspinat • 1 EL Paprikapulver • 100 g braune Linsen
1 mittelgroße Tomate, gewürfelt • frisch gemahlener schwarzer Pfeffer • Salz

Spinat versorgt den Körper mit den Mineralstoffen Kalium, Kalzium und Magnesium sowie mit den Spurenelementen Eisen, Mangan und Zink.

A *Gut für die Augen* BB *Blutbildend* P *Proteinreich*

Das Öl in einem Topf erhitzen. Zwiebel, Knoblauch, Kurkuma und Möhre darin in 5 Minuten weich dünsten. Spinat, Paprikapulver, Linsen und 500 ml Wasser zugeben. Alles aufkochen und offen 30 Minuten köcheln lassen. Die Tomate einrühren und 10 Minuten weiterköcheln lassen, bis die Linsen weich sind. Die Suppe mit Pfeffer und Salz abschmecken und servieren.

MAISSUPPE MIT PAPRIKA

Für 2 Personen – Zubereitung: 25 Minuten

ZUTATEN

1 EL Olivenöl • 1 Knoblauchzehe, gerieben • 1 Stück Kurkumawurzel (1 cm), geschält und gerieben, oder ½ TL gemahlene Kurkuma
1 Stange Staudensellerie, in Scheiben geschnitten • 2 Maiskolben, Körner abgeschabt • 50 g Kürbisfruchtfleisch, gewürfelt
½ TL geräuchertes Paprikapulver • 300 ml Gemüsebrühe
200 ml Kokosmilch • ½ rote Paprika, in Streifen geschnitten
frisch gemahlener schwarzer Pfeffer • Salz

Mais ist ein Superfood für die Augen. In Studien wurde nachgewiesen, dass er altersbedingter Makuladegeneration vorbeugt.

EH *Entzündungshemmend* FV *Fördert die Verdauung* V *Vitaminreich*

Das Öl in einem Topf erhitzen. Knoblauch und Kurkuma darin dünsten, bis der Knoblauch weich ist. Sellerie, Mais, Kürbis, Paprikapulver, Brühe und Kokosmilch einrühren. Alles aufkochen und 10–15 Minuten köcheln lassen, bis Mais und Kürbis weich sind. Etwa 5 Minuten vor Garzeitende die Paprikastreifen unterheben. Die Suppe mit Pfeffer und Salz abschmecken.

GOLDGELBE GRAUPENSUPPE

Für 2 Personen – Zubereitung: 45 Minuten

ZUTATEN

1 EL Kokosöl • 1 kleine Zwiebel, fein gehackt
2 Knoblauchzehen, gerieben • 1 Stück Ingwer (1 cm), geschält und gerieben
1 Stück Kurkumawurzel (1 cm), geschält und gerieben, oder
½ TL gemahlene Kurkuma • 1 TL Kreuzkümmelsamen
1 Möhre, fein gewürfelt • 50 g Perlgraupen (Perlgerste) • 70 g rote Linsen
1 Handvoll junger Blattspinat • frisch gemahlener schwarzer Pfeffer • Salz

Gerste tut mit ihrem hohen Ballaststoffgehalt
besonders der Verdauung gut

BZ *Reguliert den Blutzuckerspiegel* EH *Entzündungshemmend* M *Mineralstoffreich*

Das Öl in einem Topf erhitzen und die Zwiebel darin 5 Minuten dünsten. Knoblauch, Ingwer, Kurkuma, Kreuzkümmel und Möhre einrühren und 5 Minuten mitdünsten. Graupen, Linsen und 500 ml Wasser zufügen. Alles aufkochen und abgedeckt 30 Minuten köcheln lassen, bis Graupen und Linsen weich sind. Kurz vor Garzeitende den Spinat unterheben und zusammenfallen lassen. Die Suppe mit Pfeffer und Salz abschmecken und servieren.

MILDE ERBSENSUPPE

Für 2 Personen – Zubereitung: 1 Stunde 5 Minuten

ZUTATEN

1 Möhre, fein gewürfelt • 1 Stange Staudensellerie, fein gewürfelt
1 Zwiebel, fein gehackt • 450 g geschälte gelbe Erbsen, abgespült
2 Zweige Thymian • 1 Lorbeerblatt
1 Stück Kurkumawurzel (1 cm), geschält und gerieben,
oder ½ TL gemahlene Kurkuma • 600–800 ml Gemüsebrühe
frisch gemahlener schwarzer Pfeffer • Salz

Gelbe Erbsen haben eine hohe Mineralstoffdichte. Neben Kalium enthalten sie auch Phosphor und Kalzium für starke Knochen.

EH *Entzündungshemmend* M *Mineralstoffreich* P *Proteinreich*

Möhre, Sellerie, Zwiebel, Erbsen, Thymian, Lorbeer, Kurkuma und 600 ml Brühe in einen Topf geben. Aufkochen und abgedeckt 1 Stunde köcheln lassen, bis die Erbsen weich sind. Bei Bedarf zwischendurch die restliche Brühe zugießen. Die Suppe mit Pfeffer und Salz abschmecken.

GRÜNER SUPPENTOPF

Für 2 Personen – Zubereitung: 45 Minuten

ZUTATEN

1 EL Olivenöl • 1 weiße Zwiebel, gehackt
1 Handvoll Mangold, harte Stiele entfernt und Blätter geschnitten
1 Handvoll junger Blattspinat • 3 Frühlingszwiebeln, in Ringe geschnitten
1 mittelgroße Kartoffel, geschält und gewürfelt • 1 Stück Kurkumawurzel (1 cm), geschält und gerieben, oder ½ TL gemahlene Kurkuma
500 ml Gemüsebrühe • frisch gemahlener schwarzer Pfeffer • Salz

Mangold versorgt den Körper mit Mineralstoffen und Spurenelementen wie Magnesium, Mangan, Kalium und Eisen.

BB *Blutbildend* GH *Gut für die Haut* V *Vitaminreich*

Das Öl in einem Topf erhitzen und die Zwiebel darin bei schwacher Hitze 10 Minuten dünsten. Gemüse, Kurkuma und Brühe zugeben. Alles aufkochen und 30 Minuten köcheln lassen. Die Suppe mit einem Mixer cremig pürieren, mit Pfeffer und Salz abschmecken und servieren.

BROKKOLISUPPE MIT MISO

Für 2 Personen – Zubereitung: 35 Minuten

ZUTATEN

1 EL Kokosöl • 1 Zwiebel, grob gehackt • 1 Knoblauchzehe, gerieben
1 Stück Kurkumawurzel (1 cm), geschält und gerieben, oder ½ TL gemahlene Kurkuma • 1 Stück Ingwer (1 cm), geschält und gerieben
250 g Brokkoli, grob gehackt • 200 g Erbsen (TK)
1 EL braune Misopaste • frisch gemahlener schwarzer Pfeffer

Der Körper profitiert sehr von dieser Suppe. Brokkoli ist nämlich eine ausgezeichnete Quelle für Vitamin C.

FV *Fördert die Verdauung* SI *Stärkt das Immunsystem* V *Vitaminreich*

Das Öl in einem Topf erhitzen. Zwiebel, Knoblauch, Kurkuma und Ingwer darin dünsten, bis die Zwiebel glasig ist. Den Brokkoli einrühren und 2 Minuten mitdünsten. Erbsen und 500 ml heißes Wasser zugeben, aufkochen und abgedeckt 10 Minuten köcheln lassen. Die Misopaste einrühren und alles 5 Minuten weiterköcheln lassen. Die Suppe mit einem Mixer cremig pürieren. Bei Bedarf wieder erwärmen, mit Pfeffer abschmecken und servieren.

PIKANTE KICHERERBSENSUPPE

Für 2 Personen – Zubereitung: 25 Minuten

ZUTATEN

1 TL Kreuzkümmelsamen • 1 Prise Chiliflocken
1 EL Olivenöl • 1 rote Zwiebel, gehackt • 1 Stück Kurkumawurzel (1 cm), geschält und gerieben, oder ½ TL gemahlene Kurkuma
200 g stückige Tomaten (aus der Dose) • 70 g rote Linsen • 500 ml Gemüsebrühe
100 g Kichererbsen (aus der Dose), abgespült • 1 Bund Koriandergrün
frisch gemahlener schwarzer Pfeffer • Salz

Kichererbsen enthalten neben vielen Proteinen auch noch Ballaststoffe, Mangan und Folsäure.

G *Stärkt das Gehirn* SW *Regt den Stoffwechsel an* V *Vitaminreich*

Kreuzkümmel und Chiliflocken in einem Topf ohne Fett 1 Minute rösten. Öl, Zwiebel und Kurkuma zugeben und 3 Minuten erhitzen. Tomaten, Linsen und Brühe einrühren. Alles aufkochen und köcheln lassen, bis die Linsen weich sind. Die Suppe mit einem Mixer cremig pürieren. Kichererbsen und die Hälfte des Koriandergrüns zugeben und erwärmen. Die Suppe mit Pfeffer und Salz abschmecken und mit dem übrigen Koriandergrün bestreut servieren.

WEISSE BOHNENSUPPE

Für 2 Personen – Zubereitung: 25 Minuten

ZUTATEN

1 EL Olivenöl • 1 kleine Zwiebel, fein gehackt • 3 Salbeiblätter
2 Knoblauchzehen, gerieben • 1 Stück Kurkumawurzel (1 cm), geschält und gerieben, oder ½ TL gemahlene Kurkuma • 1 Bund junger Mangold, grob geschnitten • 75 g weiße Bohnen (aus der Dose), abgespült
500 ml Gemüsebrühe • frisch gemahlener schwarzer Pfeffer • Salz

Weiße Bohnen bringen dem Körper neben sättigenden Proteinen reichlich Ballaststoffe und Eisen.

B *Beruhigend* M *Mineralstoffreich* R *Reinigend*

Das Öl in einem Topf erhitzen und die Zwiebel darin 5 Minuten dünsten. Salbei, Knoblauch und Kurkuma einrühren und 3 Minuten mitdünsten. Den Mangold zugeben und alles 5 Minuten weiterdünsten. Bohnen und Brühe zufügen, aufkochen und 5 Minuten köcheln lassen. Die Suppe mit Pfeffer und Salz abschmecken und servieren.

SELLERIE-KOKOS-SUPPE

Für 2 Personen – Zubereitung: 40 Minuten

ZUTATEN

1 EL Olivenöl • 1 kleine Knoblauchzehe, gerieben
½ TL gemahlener Kreuzkümmel • ½ TL gemahlener Koriander
1 Stück Ingwer (1 cm), geschält und gerieben • 1 Stück Kurkumawurzel (1 cm), geschält und gerieben, oder ½ TL gemahlene Kurkuma
100 g Knollensellerie, geschält und gewürfelt • 100 ml Kokosmilch
300 ml Hühner- oder Gemüsebrühe • frisch gemahlener schwarzer Pfeffer • Salz

Der unscheinbare Knollensellerie enthält die Vitamine C und K sowie verschiedene B-Vitamine.

CH *Cholesterinsenkend* M *Mineralstoffreich* SE *Spendet Energie*

Das Öl in einem Topf erhitzen. Knoblauch, Kreuzkümmel, Koriander, Ingwer, Kurkuma und Sellerie darin unter Rühren 5 Minuten braten. Kokosmilch und Brühe zugießen. Alles aufkochen und 30 Minuten köcheln lassen, bis der Sellerie weich ist. Die Suppe mit einem Mixer cremig pürieren. Mit Pfeffer und Salz abschmecken und servieren.

GERÖSTETE PAPRIKASUPPE

Für 2 Personen – Zubereitung: 40 Minuten

ZUTATEN

1 EL Olivenöl • ½ rote Zwiebel, gehackt • 2 Knoblauchzehen, gehackt
1 kleine rote Chilischote, entkernt und gehackt
1 TL frischer Oregano oder ½ TL getrockneter • 1 Stück Kurkumawurzel (1 cm), geschält und gerieben, oder ½ TL gemahlene Kurkuma
2 rote Paprika, entkernt, im Ofen geröstet und gehäutet • 500 ml Gemüsebrühe
frisch gemahlener schwarzer Pfeffer • Salz

Rote Paprika sind reich an sekundären Pflanzenstoffen und Karotinoiden.
Sie wirken antioxidativ und entzündungshemmend.

BB *Blutbildend* SE *Spendet Energie* SI *Stärkt das Immunsystem*

Das Öl in einem Topf erhitzen. Zwiebel und Knoblauch darin weich dünsten. Chili, Oregano und Kurkuma einrühren und 1 Minute mitdünsten. Paprika und Brühe zugeben, aufkochen und 20 Minuten köcheln lassen. Die Suppe mit einem Mixer cremig pürieren, mit Pfeffer und Salz abschmecken.

ROTE WURZELSUPPE

Für 2 Personen – Zubereitung: 30 Minuten

ZUTATEN

1 EL Olivenöl • 1 weiße Zwiebel, gehackt • 1 Knoblauchzehe, gerieben
1 Stück Kurkumawurzel (1 cm), geschält und gerieben, oder ½ TL gemahlene Kurkuma • 250 g rohe Rote Bete, geschält und gewürfelt
1 Möhre, geschält und gewürfelt • 100 g Kartoffeln, geschält und gewürfelt
500 ml Gemüsebrühe • 2 Lorbeerblätter • 2 Zweige Thymian
frisch gemahlener schwarzer Pfeffer • Salz

Rote Beten sind sehr reich an Eisen und Folsäure. Außerdem tragen die tiefroten Knollen zur Senkung des Blutdrucks bei.

M *Mineralstoffreich* SI *Stärkt das Immunsystem* V *Vitaminreich*

Das Öl in einem Topf erhitzen und die Zwiebel darin bei schwacher Hitze 5 Minuten dünsten. Knoblauch und Kurkuma zugeben und 1 Minute mitdünsten. Rote Bete, Möhre und Kartoffeln einrühren und alles 3 Minuten weiterdünsten. Die Brühe zugießen, Lorbeerblätter und Thymian zufügen. Alles aufkochen und abgedeckt köcheln lassen, bis das Gemüse weich ist. Mit einem Mixer cremig pürieren, mit Pfeffer und Salz abschmecken.

REGISTER

Die Rezepttitel sind jeweils kursiv gesetzt.

DK | Penguin Random House

Für die englische Ausgabe
Autorin Fern Green
Projektleitung Catie Ziller
Projektbetreuung Kathy Steer
Gestaltung Michelle Tilly
Fotos Deirdre Rooney

Für die deutsche Ausgabe
Programmleitung Monika Schlitzer
Redaktionsleitung Caren Hummel
Projektbetreuung Jessica Kleppel
Herstellungsleitung Dorothee Whittaker
Herstellungskoordination Arnika Marx
Herstellung Claudia Bürgers

Titel der französischen Originalausgabe:
Magique Curcuma – La Bible

Übersetzung Wiebke Krabbe
Lektorat Petra Teetz

ISBN 978-3-8310-3588-5

Druck und Bindung
Toppan Leefung, China

www.dorlingkindersley.de

Hinweis
Die Informationen und Ratschläge in diesem Buch sind von der Autorin und vom Verlag sorgfältig erwogen und geprüft, dennoch kann eine Garantie nicht übernommen werden. Eine Haftung der Autorin bzw. des Verlags und seiner Beauftragten für Personen-, Sach- und Vermögensschäden ist ausgeschlossen.